edition
das haiku

Die frühen deutschen Haiku
von Franz Blei und Yvan Goll

Herausgegeben von Moritz Wulf Lange

edition das haiku

Bibliografische Information der Deutschen Nationalbibliothek: Die Deutsche Nationalbibliothek verzeichnet diese Publikation in der Deutschen Nationalbibliografie; detaillierte bibliografische Daten sind im Internet über dnb.dnd.de abrufbar.

2., verbesserte Auflage
edition das haiku bei BoD
© für diese Ausgabe Moritz Wulf Lange
Hamburg 2021. Alle Rechte vorbehalten. www.edition-das-haiku.de
Herstellung und Verlag: BoD – Books on Demand, Norderstedt.

ISBN 978-3-7543-4712-6

Inhaltsverzeichnis

Vorwort

Die Geschichte des deutschsprachigen Haiku ist spannend, vielfältig und verschlungen. Zunächst gelangte das japanische Haiku während des Kaiserreichs im Rahmen verschiedener Anthologien nach Deutschland. Aber erst zwischen den Weltkriegen wurden Versuche gemacht, Haiku ganz vereinzelt auch auf Deutsch zu schreiben. Der Angestellte Hans Kanzius und der österreichische Dichter Robert J. Koc hatten sich in Japan aufgehalten (Kanzius von 1912-1920 bzw. Koc 1939) und das Haiku dort kennengelernt, auch einige geschrieben, jedoch zunächst ohne sie zu veröffentlichen. In der Bündischen Jugend und bei den Pfadfindern wurden seit den 1920er Jahren gelegentlich Haiku gedichtet, z.T. gefördert durch Japankenner unter ihnen wie Eberhard Koebel, Erwin Toku Bälz und Werner Helwig. Schriftsteller wie Rainer Maria Rilke, Franz Blei und Yvan Goll begegneten ab 1920 dem Haiku auf unterschiedliche Weise, beispielsweise in Gesprächen oder in der Literatur, und beschäftigten sich teils beiläufig, teils systematischer mit der neuen Gedichtform.

Von diesen allen waren die Dichter Franz Blei und Yvan Goll die Einzigen, die in den 1920er Jahren nicht nur Haiku schrieben, sondern sie nachweislich auch publizierten. Blei tat dies im Rahmen einer Glosse, Goll verteilte über zwei Zyklen – weitere zwei Zyklen erschienen posthum. Die Gedichte von Blei und Goll sind nach jetzigem Kenntnisstand die ersten originalen, auf Deutsch geschriebenen Haiku, die zu ihrer Zeit auch im Druck erschienen sind. Bisher waren sie der Allgemeinheit nur in einzelnen Beispielen, etwa durch Zitate in der Fachliteratur oder in Anthologien, zugänglich – sofern man nicht den Weg in die Archive oder, im Fall von Goll, über die Gesamtausgabe seiner Gedichte gehen wollte.

In dem vorliegenden Buch werden nun zum ersten Mal alle Haiku von Franz Blei und Yvan Goll versammelt. Ergänzt werden sie durch die Begleittexte, die Blei und Goll zu ihren Haiku verfasst haben. Kurze Biografien der Dichter runden das Buch ab. Auf diese Weise sollen alle am Haiku Interessierten die Möglichkeit bekommen, sich selber einen Eindruck von den Anfängen der deutschsprachigen Haiku-Dichtung zu verschaffen.

Hamburg, Herbst 2021

Moritz W. Lange

Die Haiku von Franz Blei und Yvan Goll

1. Die Haiku von Franz Blei

„Bummbrummbummbumm" brüllt der Expreßzug.

„Gott, haben Sie mich erschreckt!"

Stöhnt im Schlummern der kleine Bahnhof.

Der Regen lacht auf mein Dach.
Der Regen weint an mein Fenster –
Gott! Was soll man glauben?

Sterne am Morgen, wie seid ihr bleich!
Es bekommt euch schlecht, o Sterne,
Die Nacht so durchzuschwärmen!

April, verwöhntes Kind, du weinst,
Weil dir ein Sonnenstrahl
Ins Auge kam, - verwöhntes Kind!

Sag nicht nein! Nicht nein!
Ich weiß ja, was du willst.
Warum denn lügen?

Es löst an ihrem Seidenstrumpf
Sich langsam eine Masche –
Und menschlich lächelt nun die Wade.

Aus der Faust entschlüpfend,
Die sie fing, die Fliege aufstöhnt:
„Sss, war das ein wüster Traum!"

Wie weit ist doch mein Weg!
Es sind des Nachts die Straßen
Viel länger als des Tags.

Wär nur der Tag um eine Stunde länger!
In dieser fünfundzwanzigsten
Vollendete ich alles.

Maria säugt das Christuskind
Und hinter ihr an einer Schnur,
Blähn sich im Wind die Windeln.

2. Die Haiku von Yvan Goll

Zyklus I:
Zwölf Hai-Kai's der Liebe

Wir arbeiten zu Hunderten zusammen.
Wir lieben zu zweit.
Wir sterben jeder allein.

Die Akazie hat Millionen Blüten.
Um zu schreien und zu lieben:
Ich nur ein Herz!

Treffpunkt Orion:

Du von Paris, ich von Berlin.

Jeden Abend steigen wir hinauf.

Der Vogel muß singen.
Das Meer muß rauschen.
Ich muß weinen!

Aus dem zerbrochenen Krug
Des Halbmonds ergießt sich
Über den Himmel die Milchstraße.

Totenkopf des Monds:
Giftzeichen für Liebende
Die Nachtwind trinken!

Eine Amsel singt
In der Schwarzpappel:
Ein Herz schlägt in meinem Geripp.

Hast du so sehr geweint?
Nach zwanzig Jahren Abschied
Regnete es noch.

Es gab hundert
Es gab tausend Straßen:
Und keine mehr zu dir!

Der Mond, mein weggeflogner Luftballon
Schwebt über den Baumwipfeln:
Ich strecke die Arme nach meiner Liebe.

Den Sonnen-Dotter lange rühren.

Die Wiesen-Nebel zu Schaum schlagen:
Abend-Cocktail!

Fünf Kontinente zittern,
Wenn der Kornpreis steigt:
Und nicht, wenn du weinst!

Zyklus II:

Moderne Hai-Kais

Mahle das Meer,
Umarme den Wind,
Liebe eine Frau.

Es wurde geschrien, geschlagen, gebetet, gestorben:
Aber schmerzlicher als alles
War dein Lächeln.

Ich hatte einen neuen Raglanmantel
Und meine blaueste Krawatte,
Und trotzdem ist sie nicht gekommen!

Rot, rot ist das seidene Mieder des Mohns,
Aber schwarz und verkohlt
Darunter das Herz.

Ein Jasminzweig berauscht mich mehr
Als das rauschende Jasminfeld:
Für dich gab ich Millionen Frauen hin.

Die schwarzen Ochsen vor dem Abendhimmel
Wie schwanken sie
Schwer von Vergißmeinnicht.

Die Weiden kämmen ihr Haar
Im Spiegel des Sees:
Die Sorgen fallen Blatt um Blatt herunter.

Vom ganzen Sommer blieb mir nichts
Als deines Kopfes Chrysantheme
Mit Henné gefärbt.

Über den Wolken leuchten die Sterne,
Unter den Häusern glühen die Erze,
Hinter der Bluse brennt dir kein Herz.

Selbst der Tod
Schlief ein
An deiner warmen Brust.

Zyklus III:
Neue Hai-Kais

Ein dunkler Baumstamm bin ich.
Aber in meinem Grüngezweig
Zwitscherst du.

Den Blutfleck des Mondes
Den tilgst du nie
Aus dem Bettuch des Himmels

Von den heiligen Sternen
Fiel mir Goldstaub in die Augen
Und machte mich blind.

Ihr armen Schläfer in der Nacht
Die ihr nicht ruhen könnt,
Euch fehlt doch nichts! Nichts als ein blauer Traum.

Die Witwe am Fenster rechnet
Wieviel Petroleum der Mond wohl kostet,
Der unnütz brennt die ganze Nacht!

In den Mandolinen
Schreien die gefangenen Nachtigallen
Nach Freiheit.

Wie ein Zitroneneis
Zerging die letzte Wolke
Auf den Lippen des Abends

An der Erdkante

Zerbrach das Ei der Sonne:

Wir schlürfen den Dotter zum Stillen der Sehnsucht.

Meine Träume liegen
Wie kleine rosa Kadaver
In deinem Herzen vergraben.

Tagtäglich sitz ich
An deiner Wimpern blauem Ufer
Und angle die Melancholie.

Dein Herz, arbeitend Tag und Nacht,
Erzeugt den Weltstrom:
Millionen Volt der Liebe.

An meiner Schulter Hügel
Rauschst du, der frohe Bach:
Ich bin Erde, meine Seele du.

Zyklus IV
(ohne Titel)

Längst vor dem Glöcklein der Klöster
Längst vor dem Gebet der Amsel
Schrie mein Herz schon um Hilfe.

Der Mond leuchtet und wärmt doch nicht,
Die Wolken fliegen und sind doch nicht frei,
Die Menschen leben, und sie lieben nicht.

Frühling in den Städten:
Statt in Feldgebüsch und Felsgespalt
Erblühten Veilchen in einem schmutzigen Ohr.

Mondasche und Sternensand im Mund
Wachen die Schläfer auf:
Aurorenrosa ist die beste Zahnpasta

In Stein und Schlaf liegen die Menschen
Gegen kosmischen Schmerz und Amsellieder
Chloroformiert

Der Vogel im Ahorn singt es
Der Stein in der Mauer schweigt es:
Ich kann nicht singen, nicht schweigen, ich muss es
qualvoll wissen!

Mein Vater der Regen
Meine Mutter die Erde
Und ich eine goldene goldene Dotterblume.

Pfefferminz am blauen Bach
Woraus der Mond in kleinen Mohnschalen
Tee gegen den Tod braut.

Die Schwalben wurden dieses Jahr
Aus Kairo importiert:
Am Güterbahnhof stehen noch die Wagen.

Kein knäblicher Bach
Kein tragischer Ozean
Wird den Gram von meiner Stirne waschen.

Der böseste Wind
Würde sich zu deinen Füssen werfen
Wenn du riefest.

Die Akaziensehnsucht greift umsonst die Wolken
Und die Welle wogt sich niemals weiter –
Wozu sehn' ich mich zuschanden?

Was machen wir nur, mein Kind?
Die letzte Trambahn nach Cythera
Ist abgefahren!

Du bücktest dich vielhundertmal
Nach Walderdbeerherzen:
Doch meines hast du nicht gepflückt!

Herbstraben kreisen über dem Haus.

Fäult irgendwo ein Aas?

Mein längst gestorbenes, nie entdecktes Herz.

Als ein antiker Fischer stand ich jahrelang
Am grünen Wasser deiner Augen:
Und fing nicht einen goldnen Salm!

Die Hotels sind geschlossen,
Alle Dichter schlafen,
Und du liebst mich nicht!

Die Abendblätter melden
In grossen Lettern
Den Tod einer Tulpe

Käme doch endlich die Nacht
Und wischte mich von dieser Erde fort
Wie den Schatten der Bäume.

3. »Das Hai-Kai« (Franz Blei)

Dieser Text wurde erstmals veröffentlicht in: Roland
Nr. 12, 25. März 1925 (23. Jahrgang), S. 40.

Ich möchte eine neue Seuche ins Land bringen. Ich weiß, das Land braucht Seuchen, kann ohne sie nicht leben, so paradox das klingt. Seuchen kommen aus dem Osten. Auch meine kommt daher. Direkt aber, nicht auf dem Umweg über Amerika, wo man, wie es scheint, nur die dümmsten importiert und weiterziehen lässt. Wie das Kreuzworträtsel. Selbst die passioniertesten Rätsellöser geben die Stupidität dieser Rätselei zu. Erklären, der Spaß vermindere sich in dem Maße, als er schwierig und nur mit Hilfe eines Lexikons herstellbar ist. Man sagt, der Tod des Kreuzworträtsels werfe schon seine Schatten voraus, und in einigen Monaten sei es überstanden. Was dann? Denn Seuche muss sein, muss!! Schrecklich der Gedanke, dass die nachfolgende noch stupider sein könnte als die eben überstandene. Dem will ich zuvorkommen mit dem Hai-Kai. So heißt das kleinste japanische Gedicht, das dreizeilige. Jedes japanische Mädchen kann solche Hai-Kai herstellen. Warum sollen das unsere Mädchen nicht treffen. Sind doch so kess. Man macht Hai-Kai in Gesellschaft, wie ein Pfänderspiel. Man kann, wenn es schon sein muss, zwischendurch immer ein bisschen tanzen. Hier sind einige Muster. Keine original-japanische, sondern, um es deutlicher zu machen, aus dem europäischen Kulturkreis erfundene. Man sieht gleich, worauf es ankommt. Auf ein Bildchen im kleinsten Raum mit einem pointierenden Akzent in der dritten oder auch schon zweiten

Zeile. Das ist alles. Aber sehr amüsant. Und schrecklich ansteckend. Eine richtige Seuche. Also: es lebe die neue Seuche des Hai-Kai!

[Es folgen die Haiku von Franz Blei; die Glosse schließt nach dem letzten Haiku mit den Initialen – F. B. – des Verfassers.]

4. »Hai-Kai« (Yvan Goll)

Dieser Aufsatz, den Goll seinem Zyklus »Zwölf Hai-Kai's der Liebe« voranstellt, wurde erstmals veröffentlicht in: Die literarische Welt 2, 1926, Nr. 46, S. 3.

Niemand leugnet mehr, dass von allen Kunstformen die verlassenste und die verkannteste heute die Lyrik ist. Vielleicht nicht einmal ganz zu Unrecht? Vielleicht, weil sie in keiner Weise zu unserer Zeit eine Beziehung hat? Weil sie dem heutigen Menschen keine Nahrung bringt?

Lyrik, wie man sie früher verstand, war die Frucht der Meditation und auch die Anregerin dazu. Wer aber kann und will heute meditieren? Nichts kommt ungelegener als solch ein Wort. Der Erzieher des modernen Menschen ist die Reklame: und diese nimmt ihm alle Mühe des Denkens ab, sie bedrängt ihn und bemächtigt sich seiner ganz. Und die Reklame ist schlau: sie mischt Elemente der Kunst und der Belehrung in ihren elektrischen Dialekt. Sie mundet frisch und angenehm. Hintennach klingt und zittert noch etwas.

Nun hilft es nichts, über den sogenannten Niedergang dieser Zeit zu lamentieren. Wir wollen leben, wir müssen leben! Und nein: das geschriebene Wort ist noch nicht endgültig tot, noch nicht ganz von Film und Radio beiseite geschoben. Noch ist Hoffnung da für die Dichter!

Aber die Dichter müssen die Instrumente der Zeit zu Hilfe nehmen und nicht trotzen! Wie seit der Entdeckung der Elektrizität und des Telephons sämtliche Produktionsbetriebe umgeformt und umgebaut wurden, so soll es auch die Dichtung. Es ist geradezu ein Nonsens, von einem Menschen mit heutigen Nerven zu verlangen, dass er von regelrecht skandierten und gereimten Versen, die breit und behäbig und schwer hinfließen, irgendeine tiefere Wirkung, ein inneres Beben, ein Staunen verspüre!

Sein Ohr hat ein anderes Tempo. Sein Auge eilt unmutig über die Zeilen hin. Und der Singsang des schönen Verses erweckt Langeweile.

Langeweile: die schwerste Sünde, die ein Künstler begehen kann! Ja, an der Misere der Lyrik sind in erster Linie die Dichter selbst schuld.

Die Menschen können nicht mehr so essen und denken wie früher. Man bereitet ihnen destillierte Speisen vor. Und der Künstler seinerseits setze ihnen komprimierte Kunstpillen vor.

Es handelt sich hier nicht darum, die internen Putsche des Expressionismus aufzutischen, noch über die bereits ganz entblößte »Sturm«-Lyrik hinaus etwas Radikales zu predigen! Aber es muss mit fast wissenschaftlicher Ruhe eine Form gefunden werden, die der inneren Denkweise des modernen Menschen entspricht. Ihr Hauptfaktor ist: größere Rapidität. Es muss jedem Gelegenheit gegeben werden, ein Gedicht zu goutieren, in welcher Lage er sich auch befindet: in der Stadtbahn oder im Lift. Dem Wiener Café entspricht die alte Lyrik: behäbiges Plätschern in sentimentalen Wassern. Der neuen Bar an Straßenecken, wo man stehend den Kognak hinunterschluckt: der brennt und lange nachhält und den Organismus peitscht, sollte das Neue ebenbürtig sein.

Weg mit allem Pathos, aller Rhetorik, allem Singsang und Liralei: dafür ein direkter Uppercut auf die linke Schläfe des Lesers oder ein blitzschneller Schlag in die Herzgegend. Rapides Bild. Überzeugender Ausdruck. Und langes Nachklingen der berührten Seele.

Nein, nichts Neues! Keine Angst! Vielmehr etwas Uraltes offeriere ich: das Hai-Kai, die klassische Gedichtform der Japaner, die jahrhundertelang die einzige Art ihrer Lyrik geblieben ist. Ein Dreizeiler, das lyrische Epigramm, dessen Zweck ist, in möglichst wenig Worten ein möglichst intensives Bild und weites Gefühl hervorzurufen.

Mehr als je bedarf unser nervöses Temperament einer knappen Form: sonst langweilen wir uns. Wir wissen, wir ahnen alle zu viel und zu schnell voraus. Und wehe dem Dichter, dem der Leser zuvorkommt. Das wichtigste Element in der Kunst ist die Überraschung.

Ich habe versucht, meine Gefühle in Hai-Kai-Form zu bringen:

[Es folgt der Zyklus »Zwölf Hai-Kai's der Liebe«.]

5. Editorische Anmerkungen

Die Schreibweise der Haiku folgt derjenigen in der Zeitschrift *Roland* bzw. in *Die Lyrik in vier Bänden, Bd. 1.* Im Folgenden werden Textstellen, die als zweifelhaft empfunden werden können, in ihrer Schreibweise bestätigt.

Als ein antiker Fischer: in Vers 3 wird das Adjektiv ohne Apostroph geschrieben.

April: in Vers 3 Komma *und* Gedankenstrich

Bummbrummbummbumm: Die zweite Silbe wird mit einem zusätzlichen „r" geschrieben.

Den Blutfleck: Vers 3 schließt ohne Punkt ab.

Der Mond: in Vers 1 *weggeflogner* ohne Apostroph, der Vers ist dadurch in Jamben geschrieben. Auch ohne Komma am Versende.

Die Abendblätter: Vers 3 schließt ohne Punkt ab.

Frühling: in Vers 2 ist *Felsgespalt* korrekt. Der Vers ist dadurch in Jamben geschrieben.

Herbstraben: in Vers 3 wird das Verb mit Umlaut geschrieben.

In Stein: Vers 3 schließt ohne Punkt ab.

Mahle das Meer: in Vers 1 wird das Verb mit *h* geschrieben.

Maria: in Vers 1 *Christuskind*, nicht *Christkind*. Ein Komma nach *Schnur*.

Mein Vater: in Vers 3 wird *goldene* wiederholt.

Mondasche: Vers 3 schließt ohne Punkt ab.

Wie ein Zitroneneis: Vers 3 schließt ohne Punkt ab.

Zyklus IV: In der originalen Handschrift trägt der Zyklus keinen Titel und schließt an Zyklus III an. Zyklus III ist jedoch mit einer Signatur Golls sichtbar vom letzten Zyklus getrennt. In der Gesamtausgabe von Golls Lyrik bekam Zyklus IV von der Herausgeberin den Titel *Hai-Kais*, um ihn sichtbar vom vorhergehenden Zyklus abzugrenzen.

Aufsatz *Das Hai-Kai* (Franz Blei): S. 87 „...muss sein, muss!!" [Zwei Ausrufezeichen.]

Aufsatz *Hai-Kai* (Yvan Goll): S. 90 Abs. 2: „bereitet ... vor."

6. Faksimiles aus der Zeitschrift »Roland«

ROLAND

Nr. 12   Berlin, den 18. März 1925   23. Jahrg.

Bezugspreis vierteljährlich M. 7.50 / Zu beziehen durch alle Buchhandlungen und Postanstalten

INHALT

Das Titelbild dieser Nummer stammt von M. Unold

7. Die Autoren

7.1. Franz Blei

 Franz Blei (1871–1942) war ein literarischer Tausendsassa, der sowohl als Schriftsteller wie auch als Herausgeber ein umfangreiches Werk hinterlassen hat. Geboren wurde er am 18. Januar 1871 in Wien. Der Vater war ursprünglich Schuster, lernte später Bauarbeiter und kam durch den Bau und Verkauf von Häusern zu Wohlstand. Als er meinte, genug für sich und die Familie verdient zu haben, setzte er sich zur Ruhe – überraschenderweise ohne ebendiese Familie. Die Gründe sind nicht bekannt, allerdings scheint eine andere Frau keine Rolle gespielt zu haben.

Franz Blei war eines von vier Kindern und hat seine Kindheit als glücklich und ohne allzu große Zwänge empfunden. Eine französische Erzieherin brachte ihm, noch bevor er eingeschult wurde, das Lesen bei. Nach der Volksschule setzte er seine schulische Laufbahn im Kloster Melk fort, er scheint sich dort wohlgefühlt zu haben. Nachdem er eines Tages zusammen mit Freunden auf eigene Faust ein paar chemische Experimente angestellt und dabei eine Explosion verursacht hatte, musste er Melk allerdings verlassen. Anschließend wurde er am Gymnasium in Wien unterrichtet, dort entdeckte er die Literatur und das Theater. Besonders Heine, Shakespeare, Keller und Stifter scheint er in dieser Zeit schätzen gelernt zu haben. Später kamen, unter anderen, Herder und Schopenhauer dazu.

In seinen späten Teenagerjahren sah sich Franz Blei nach interessanten Tätigkeiten neben der Schule um und entschied sich, seine ersten Schritte als Revolutionär zu unternehmen. Zusammen mit einem Freund wurde ein Manifest entworfen und auch gleich an den bekannten Abgeordneten August Bebel geschickt. Der beauftragte seinen österreichischen Freund Viktor Adler, den Revolutionären auf den Zahn zu fühlen und festzustellen, ob es sich unter Umständen um eine Falle der Geheimpolizei handele. Die unerwartet freundliche Einladung Adlers an die Nachwuchsrevoluzzer zu einem Kaffee wiederum erregte in Blei und seinem Mitverschwörer den Verdacht, dass die Geheimpolizei nun ihnen selber auf der Spur war. In gegenseitiger Vorsicht traf man sich dennoch – und stellte bald hier Naivität, dort Wohlwollen bei der jeweils anderen Seite fest. In der Folge wurde Blei zwar kein Revolutionär, begann aber – neben der Vorbereitung auf das Abschlussexamen, die Matura – sich nützlich zu machen und Arbeiter zu unterrichten.

Ab 1890 studierte Blei politische Ökonomie in Zürich. Dort lernte er auch seine Frau, die Studentin der Zahnmedizin Maria Lehmann, kennen. 1893 heirateten sie und entfremdeten sich trotz zweier Kinder bald voneinander. Ebenfalls 1893 fand der Internationale Sozialistische Arbeiterkongress in Zürich statt. Blei hegte offenbar immer noch linksradikale Sehnsüchte: zusammen mit ein paar Kommilitonen forderte er eine marxistische Erneuerung der Sozialdemokratie. Er wurde jedoch von den realistischeren Genossen ausmanövriert und wandte sich daraufhin mehr und mehr von der Politik weg und zur Literatur hin. Trotzdem gab er die Politik vorläufig noch nicht ganz auf. So gründete er in Genf einen sozialistischen Klub, in dem auch Lenin einmal vorbeischaute. Blei erkannte allerdings schon bald, dass Lenin zwar umgänglich, als Berufsrevolutionär dennoch zu dogmatisch für seinen Geschmack war.

1894 promovierte Blei über die ökonomischen Theorien des Abbé Galiani (1727-1787). Innerlich scheint er sich zu diesem

Zeitpunkt aber bereits von der Ökonomie verabschiedet zu haben – seine umfangreiche Fachbibliothek verkaufte er und entschloss sich zu einem Leben in der literarischen Welt. Das mag auf den ersten Blick verwundern. Aber Franz Blei war wohl zu dem Schluss gekommen, dass außer der Ökonomie auch die revolutionäre Politik für ihn doch nicht das Richtige war.

Offenbar war es eine gute Entscheidung gewesen. Der Blei-Kenner Gregor Eisenhauer bescheinigt ihm einen Einfluss in der literarischen Welt, wie ihn außer ihm vielleicht nur noch, Jahrzehnte später, Hans Magnus Enzensberger erreicht hat. Blei schrieb nicht nur, er förderte junge Talente (wie z.B. Robert Walser, auch Robert Musil nahm seine Unterstützung in Anspruch) und wurde ein unermüdlicher Herausgeber. Heute würde man wohl sagen: er war ein ganz ausgezeichneter Netzwerker im literarischen Betrieb.

Bleis eigene frühen Werke scheinen sich thematisch vorwiegend im erotischen Bereich abgespielt zu haben. Am Ende seines Lebens wird er hauptsächlich als Publizist und Übersetzer in Erinnerung bleiben, der u.a. Baudelaire, Claudel, Gide, Stendhal, Zola, Hawthorne, Wilde, Lukian und Secundus übersetzt und die Werke mehrerer Autoren herausgegeben hatte, darunter diejenigen von Edgar Allan Poe. Im Jahr 1900 scheint zum ersten Mal Japan als Thema in seinem Werk durch: Blei publizierte einen Aufsatz über japanische Literatur.

Kurz nach der Jahrhundertwende zog er nach München. 1907 wurde er in Bayern wegen literarischer Sittlichkeitsvergehen angeklagt, freigesprochen und von einem Teil der Geschworenen um Exemplare seiner Bücher gebeten. Seinen Lebensunterhalt bestritt Blei in dieser Zeit im Wesentlichen vom väterlichen Geld; literarischen Tätigkeiten ging er mehr um der Sache als um des Geldverdienens willen nach. In München arbeitete er u.a. am letzten Jahrgang der Zeitschrift „Insel" mit und schrieb Beiträge zu so verschiedenen Autoren und Themen wie Mechthild von Magdeburg, Alfred Jarry, E. T. A. Hoffmann, Thomas Mann,

Lenz, H. G. Wells, Oscar Wilde, Wieland und altjapanischen Komödienspielen.

1908 gründete Blei die Zeitschrift *Hyperion*, an der zeitweise Autoren wie Robert Musil, Hugo von Hofmannsthal, Rainer Maria Rilke und Heinrich Mann mitarbeiteten. Blei beabsichtigte, literarische Entdeckungen in einem anspruchsvollen Format bekannt zu machen. Zu den Autoren, die publiziert wurden, zählten u.a. André Gide und Franz Kafka. 1918 musste die Zeitschrift eingestellt werden.

Projekte und Zeitschriften hatten sich bereits vor dem Krieg in rascher Folge abgelöst: Herausgeber der Zeitschrift *Zwiebelfisch* (der Titel ist ein Fachbegriff aus der Druckersprache), Nachfolgeprojekt *Der lose Vogel*, Mitarbeit an Franz Pfemferts *Aktion*, die später, während des Krieges, zu einem linksradikalen Blatt wurde – »das reine Dynamit gegen die staatliche Ordnung«, wie der Dramatiker Carl Zuckmayer in seinen Erinnerungen schrieb. 1913 dann Mitarbeit an *Die weißen Blätter*.

1914, nach Kriegsausbruch, wälzte Franz Blei wilde Pläne für ein vaterländisches Bühnenstück, war jedoch nach den ersten großen Schlachten an der Westfront von seinem kurzzeitigen Anfall von Patriotismus kuriert. Um eine Einberufung kam er allerdings nicht herum, hatte aber Glück. Wegen eines Herzleidens wurde er zur lebensrettenden Schreibstubenarbeit abkommandiert. Während zahlreiche Dichter und Maler in der Hölle der Schützengräben sinnlos starben, klebte Franz Blei Zettel, arbeitete in Berlin im Kriegsbeschaffungsamt, war zeitweise als Privatsekretär eines vermögenden und einflussreichen Österreichers verpflichtet und textete unbrauchbare Werbesprüche für Kriegsanleihen. Schließlich wurde er als Mitarbeiter zur national ausgerichteten Zeitschrift *Heimat* strafversetzt, als deren Chefredakteur, im Hauptmannsrang, Robert Musil fungierte; ob auch Musil strafhalber dorthin abkommandiert worden war, ist nicht bekannt. Dann war der Krieg zu Ende und das alte Österreich nur noch Geschichte.

Franz Blei hielt sich nicht lange in den Trümmern seiner alten Heimat auf und übersiedelte 1919 zunächst nach München, 1923 nach Berlin. Das Geld seines Vaters war mittlerweile aufgebraucht. Mehr schlecht als recht versuchte Blei nun, sich als Publizist über Wasser zu halten. Unter seinen zahlreichen Werken aus dieser Zeit finden sich 1920 und 1923 auch Übersetzungen japanischer Literatur, für die er als Herausgeber fungierte.

An sein Ansehen aus der Vorkriegszeit konnte Franz Blei jedoch nicht mehr so recht anknüpfen. Sein größter Erfolg in dieser Zeit war vielleicht ein satirisches Porträt der Literaturszene, *Das große Bestiarium der modernen Literatur*. Ein Beispiel: »Der Benn ist ein giftiger Lanzettfisch, den man zumeist in Leichenteilen Ertrunkener festgestellt hat. Fischt man solche Leichen an den Tag, so kriecht gern der Benn aus After oder Scham oder in diese hinein.« Gottfried Benn war einer der bekanntesten Dichter des Expressionismus, im Hauptberuf Arzt für Haut- und Geschlechtskrankheiten, und ist noch heute für sein Gedicht *Kleine Aster* über die Sektion einer Wasserleiche berühmt. Ob sich Blei mit dem *Bestiarium* nur Freunde gemacht hat, darf bezweifelt werden.

Hauptsächlich arbeitete Blei als freier Autor für zahllose Zeitschriften und Zeitungen, darunter das *Berliner Tageblatt* und die *Weltbühne*. Gelegentlich gründete er mal wieder eine Zeitschrift wie den *Roland*, der, außer zum Zweck des Gelderwerbs, vorwiegend zur gehobenen Unterhaltung gedacht gewesen zu sein scheint. Ein Blick auf einige Titel der Beiträge, zum Beispiel in der Nr. 12 vom 18. März 1925: *Heikle Sache, Ratschläge, Die Unzucht, Der Schwergeprüfte, Der nächste Krieg, Komödie und Liebe, Modenotizen der Frau von Suttner, Das Hai-Kai, Von neuen Büchern, Kunstmarkt*. Nur von den Titeln ausgehend, muss man den Eindruck gewinnen, hier sei für jeden etwas dabei: Probleme, Sex, Leiden, Kampf, Liebe, Mode, Exotik, Literatur und Kunst.

In dieser Ausgabe des *Roland* stoßen wir in Franz Bleis Leben nun auf das Haiku. Er scheint Haiku nur dieses eine Mal, und auch nur in einem humorigen Rahmen, publiziert zu haben. Was genau ihn 1925 zu seiner Glosse bewogen hat, ist nicht mehr festzustellen. Hat er sich wirklich über Kreuzworträtsel lustig machen wollen, wie er in seinem Text vorgibt? Oder hat er unter dem Deckmantel des Humors eine neue Form in die Lyrik einführen, vielleicht ihre Wirkung beim Publikum testen wollen? Wir wissen es nicht. Sein Lebenslauf legt die Vermutung nahe, dass er einfach habe unterhalten und Interesse erregen wollen – irgendwie musste sich die Zeitschrift schließlich verkaufen, er brauchte dringend Geld. Als Gedichtform scheint ihm das Haiku nicht weiter wichtig gewesen zu sein: in seinem Werk sind jedenfalls, außer den hier vorgestellten zwölf Haiku, keine weiteren bekannt. Dennoch bleibt es dabei, dass von ihm die ersten deutschsprachigen Originalhaiku gedruckt worden sind.

Bezüglich der formalen Kennzeichen des klassischen Haiku hält Blei sich an wenige, klar zu benennende Kriterien. Zunächst verzichtet er auf Überschriften, was alles andere als selbstverständlich ist: Noch nach dem Zweiten Weltkrieg haben zwei der bekanntesten Haiku-Dichterinnen deutscher Sprache, Imma Bodmershof und Flandrina v. Salis, in ihren Anfängen ihre Haiku zumindest teilweise mit Überschriften versehen. Dann greift Blei die dreizeilige Form auf, die die Strukturierung der Originale in drei Einheiten zu fünf, sieben und fünf Moren wiedergibt. Die Zeilenlänge selber handhabt Blei frei. Außer auf eine Übernahme von 17 Maßeinheiten verzichtet Blei auch auf charakteristische Stilmittel des klassischen Haiku: *kigo* (Jahreszeitenwort), *kidai* (Jahreszeitenthema), *kireji* (Einschnitt), *yo-haku* (der unausgefüllte/leere Raum), *yoin* (Nachklang), ein konkretes Bild aus der Realität. Statt eine reale Szene zu entwerfen, vermenschlicht Blei oft Dinge, wie z.B. einen Bahnhof oder die Sterne. Einige Haiku muten dabei sogar ausgesprochen expressionistisch an, wie der folgende Vergleich mit Passagen aus bekannten Gedichten des Expressionismus zeigt:

Sterne am Morgen, wie seid ihr bleich!
Es bekommt euch schlecht, o Sterne,
Die Nacht so durchzuschwärmen!

(Franz Blei)

Der Himmel sieht verbummelt aus und bleich,
als wäre ihm die Schminke ausgegangen.

(aus *Die Dämmerung*, Alfred Lichtenstein)

„Bummbrummbummbumm" brüllt der Expreßzug.
„Gott, haben Sie mich erschreckt!"
Stöhnt im Schlummern der kleine Bahnhof.

(Franz Blei)

Die wilden Meere hupfen
an Land, um dicke Dämme zu zerdrücken.

(aus *Weltende*, Jakob van Hoddis)

Die Steine feinden
Fenster grinst Verrat

(aus *Patrouille*, August Stramm)

Franz Blei hat hier also für seine Haiku die Knappheit der japanischen Vorbilder übernommen, auch die Konzentration auf ein Motiv bzw. Bild. Seine Stilmittel sind dann wiederum von der westlichen Lyriktradition geprägt. Über eine Aneignung der kurzen, in diesem Fall dreizeiligen Form kam Blei nicht hinaus. Trotzdem kann man mit einigem Recht vermuten, dass seine Glosse – neben den damals gängigen Anthologien – dazu beigetragen hat, das Haiku ein wenig bekannter zu machen. Und, nicht zu vergessen, den Boden für eine eigenständige deutschsprachige Haiku-Dichtung vorzubereiten. Leider lässt sich die Wirkungsgeschichte von Bleis Haiku heute nur noch schwer im Einzelnen nachvollziehen.

Der Rest von Franz Bleis Leben ist schnell erzählt. 1931 emigrierte Blei ins spanische Mallorca, 1936 floh er vor dem Spanischen Bürgerkrieg zurück nach Wien. Man saß dort im Café und wartete auf bessere Zeiten, wenn man nicht gleich die Auswanderung plante. Blei traf hier auf Robert Musil, Hermann Broch, Albert Gütersloh und viele andere. Aber die Luft wurde dünner, zumal nach dem Anschluss Österreichs an das Dritte Reich 1938. Schließlich machte sich auch Blei, der den Nazis missliebig war, auf den Weg. 1939 lebte er in der Gegend von Nizza, ein Jahr später in Marseille. 1941 gelang ihm schließlich, was in dem Filmklassiker *Casablanca* als Traum aller gestrandeten Emigranten gezeigt wird: die Ausreise mit einem Visum über Lissabon in die USA. Sein Glück machte er nicht mehr. Am 10. Juli 1942 starb Franz Blei in Westbury bei New York, zwar in Freiheit, aber völlig verarmt.

7.2. Yvan Goll

Yvan Goll (1891–1950) war als Dichter gleich in zwei Sprachen – Französisch und Deutsch – zu Hause. Leider hat das über Jahrzehnte dazu geführt, dass sich weder die Germanistik noch die Romanistik richtig zuständig für sein Schaffen gefühlt haben. Selbst unter germanistisch ausgebildeten Fachleuten wird sein Name oft erst einmal mit der hässlichen Plagiatsaffäre in Verbindung gebracht, die seine Witwe nach seinem Tod lostrat und in der sie den Dichter Paul Celan – wie wir heute wissen, zu Unrecht – beschuldigte. Wer war Yvan Goll, der als Erster ernst zu nehmende Haiku veröffentlichte?

Ein so buntes Leben wie Franz Blei hat Goll nicht geführt, das sei an dieser Stelle gleich vorausgeschickt – obwohl es keineswegs arm an interessanten Begegnungen gewesen ist. Aber trotz zweier Weltkriege verlief sein Lebensweg erstaunlich gerade in literarischen Bahnen.

Geboren wurde der spätere Yvan Goll am 29. März 1891 als Isaac Lang in dem französischen Ort Saint-Dié in den Vogesen. Sein Vater, ein Tuchfabrikant, starb schon sechs Jahre später. Seine Mutter zog daraufhin mit ihrem Sohn nach Metz, das damals, von 1871–1918, zum Deutschen Reich gehörte. Dort heiratete sie später den Germanistikprofessor Daniel Kahn, und 1909 bekamen Mutter und Sohn die deutsche Staatsbürgerschaft. Ein Jahr später legte Isaac Lang in Metz die Abiturprüfung ab. Anschließend studierte er Jura zuerst in Straßburg, wahrscheinlich auch in Freiburg, München und Lausanne. Danach folgte vermutlich 1914 die Promotion (über Lothringisch-Elsässische Heimarbeiterinnen); die Angaben zu seinem Studiengang sind widersprüchlich.

Das Verhältnis zu seiner Familie scheint von früher Zeit an zwiespältig gewesen zu sein, jedenfalls suchte sich der Junge schon früh eine alternative Welt in der Literatur. Das war sicher nicht der schlechteste, jedenfalls ein erfolgreicher Fluchtweg: seit den 1910er Jahren veröffentlichte Isaac Lang selber Gedichte und schrieb so viel, dass er zahlreiche Pseudonyme verwendete. Seine ersten Gedichte zeichnete er mit den Namen Iwan Lazang, Iwan Lassang, Tristan Torsi und Johannes Lang – unter letzterem Namen wurden 1913 Gedichte in Franz Pfemferts *Aktion* abgedruckt; fast zur selben Zeit, als auch der 20 Jahre ältere Franz Blei für die *Aktion* arbeitete. Und wie auch Franz Blei, lebte Isaac Lang zunächst vom väterlichen Geld. Da hatte er sich aber schon eines seiner Pseudonyme – Yvan Goll, in anderer Schreibweise Ivan Goll – als festen Künstlernamen ausgesucht.

Der Kriegsausbruch bedeutete für Yvan Goll einen radikalen Einschnitt. Im Gegensatz zu Franz Blei (und so vielen anderen) blieb er jedoch vollkommen frei von vorübergehenden Anwandlungen vaterländischen Hurra-Patriotismusses. Vielleicht verdankt er das dem glücklichen Umstand, sich sowohl Deutschland als auch Frankreich verbunden gefühlt zu haben. Als der Krieg ausbrach, meldete sich Goll entsprechend nicht, wie damals unter vielen jungen Leuten üblich, freiwillig an die Front. Im Gegenteil: um sicher sein zu können, nicht eingezogen zu werden, emigrierte Yvan Goll in die neutrale Schweiz. Das Schicksal so vieler deutscher Dichter, in den Schützengräben zu sterben, blieb ihm auf diese Weise erspart.

In der Schweiz lernte Yvan Goll Künstler und Schriftsteller wie Hans Arp, James Joyce, Frans Masereel und Tristan Tzara kennen – es muss eine belebende, weltläufige und inspirierende Gesellschaft gewesen sein. Auch seine spätere Frau, die damalige Claire Studer, geb. Aischmann, traf er 1917 dort. Sie war frisch von ihrem Ehemann, dem Verleger Heinrich Studer, geschieden, mit dem sie in Leipzig gelebt hatte, und neu in Zürich eingetroffen. Sowohl Goll als auch Studer verband über die private auch eine berufliche Gemeinsamkeit, nämlich das Interesse an der Literatur. Beiden stand eine dichterische Karriere bevor – wenn auch Yvan Golls Werke wesentlich bekannter werden sollten als die seiner Frau. 1918 veröffentlichten sie jeweils eigene Arbeiten, den Sommer verlebten sie in einer Künstlerkolonie in Ascona im Tessin. Zwischendurch reiste die künftige Claire Goll nach München und freundete sich dort mit Rainer Maria Rilke an.

Ende 1919 siedelten sie gemeinsam nach Paris um, zwei Jahre später heirateten sie standesamtlich. Die Golls fanden in ihrer neuen Heimat rasch Anschluss an die lebendige künstlerische Szene; besonders der Kubismus und der Surrealismus interessierten sie.

Bis 1925 – dem Jahr, in dem Franz Bleis Haiku erschienen – publizierte Goll u.a. Gedichte, Essays, ein Drama und betreute verschiedene Werke als Herausgeber. Daneben gründete er 1924 die Zeitschrift *Surrealisme*, die allerdings über die erste Nummer nicht hinauskam. Gleichzeitig geriet er in dieser Zeit immer wieder mit André Breton, einem der führenden Pariser Surrealisten, aneinander. Ursache waren unterschiedliche Ansichten darüber, was denn nun Surrealismus sei. Der Ausdruck stammt von Guillaume Apollinaire, wurde Anfang der 1920er Jahre in Paris jedoch auf ganz verschiedene Weise interpretiert. Auf der einen Seite stand eine Gruppe um André Breton, auf der anderen Seite ein loser Verbund, zu dem auch Goll gehörte. 1924 spitzte sich der Konflikt zu, sowohl Breton als auch Goll publizierten jeweils ihr eigenes surrealistisches Manifest. Heute würde man vielleicht, etwas vereinfacht, sagen: es war ein Kampf um Deutungshoheit und künstlerische Markenrechte. Das ging so weit, dass man sogar unter dem Schlagwort *surrealistisch* stattfindende Veranstaltungen der Gegenseite als unsurrealistisch empfand und zu stören versuchte. Dabei ging es durchaus auch ganz unkultiviert zu: bei einer Gelegenheit versetzte Yvan Goll Breton einen Faustschlag ins Gesicht.

Nach und nach scheint Goll sich aus diesen Querelen zurückgezogen und sich kaum noch theoretisch geäußert zu haben. Man könnte dies einerseits als Flucht in die Kunst, genauso gut aber auch als Konzentration auf die Arbeit interpretieren. 1925 erschien mit *Poèmes d'amour* zum ersten Mal eine Gemeinschaftsarbeit von ihm und seiner Frau. In den Folgejahren wandte Goll sich verstärkt der Prosa zu: von 1927 bis 1929 veröffentlichte er jeweils gleich zwei Romane pro Jahr. Lyrik schrieb (und publizierte) er weiterhin, darunter auch seine beiden ersten Haiku-Zyklen (1926 und 1927). Außerdem arbeitete er mit Kurt Weill, der heute vor allem für seine Arbeit mit Bertolt Brecht bekannt ist, zusammen. Wer jemals versucht hat, auch nur einen einzigen, einfachen Unterhaltungsroman selber zu schreiben, kann beurteilen, was für eine unglaubliche Produktivität Goll in diesen Jahren entfaltete.

Das Haiku hat Yvan Goll zuerst, so lässt sich mit einigem Recht vermuten, durch eine Publikation von Jean Paulhan kennengelernt. Paulhan hatte schon 1920 in der *Nouvelle Revue Française*, die Goll höchstwahrscheinlich gekannt hat, eine Sammlung französischer Haiku nebst einer Einleitung veröffentlicht. Auf originale japanische Gedichte traf Goll spätestens bei seinen Vorarbeiten zu einer weltumspannenden Lyrik-Anthologie, die er 1922 unter dem Titel *Les cinq continents. Anthologie mondiale de poésie contemporaire* herausgab. Die knappe Form des Haiku wurde schon von Franz Blei geschätzt (»Man sieht gleich, worauf es ankommt. Auf ein Bildchen im kleinsten Raum«), und Goll scheint es ebenso gegangen zu sein (»Mehr als je bedarf unser nervöses Temperament einer knappen Form: sonst langweilen wir uns«).

Die äußere Form von Golls Haiku entspricht damals schon dem heute üblichen Druckbild: drei Zeilen, keine Überschrift. Damit war Goll seiner Zeit um Einiges voraus. Denn die damals gängigen Anthologien von, beispielsweise, Florenz, Bethge und Kurth mit Nachdichtungen japanischer Lyrik versahen die Gedichte allesamt mit Überschriften – auch wenn die Originale ohne Titel auskamen. Teilweise wurden die Nachdichtungen der

Originale sogar, wie bei Florenz, in fünfzeilige Reimschemata gepresst. Und selbst die erst 1939 erschienenen Haiku in der wohl einflussreichsten Anthologie mit Nachdichtungen (durch Anna von Rottauscher, unter dem Titel *Ihr gelben Chrysanthemen*) hatten allesamt eine Überschrift. Gleiches gilt für andere Dichterinnen und Dichter, die nach Goll eigene Haiku schrieben. Auch sie fügten ihren Haiku zunächst noch Titel hinzu. So 1955 die schweizerische Dichterin Flandrina von Salis in ihrer berühmten Sammlung *Mohnblüten; e*rst in späteren Werken verzichtete sie auf Überschriften, wie z.B. in den Bänden *Wahrnehmungen* (1993) und *Der Buchsbaumgarten* (2014). Gleiches gilt, in Teilen, für Karl Kleinschmidt, der nach dem Zweiten Weltkrieg wie v. Salis die deutschsprachige Haiku-Tradition zu begründen half. Selbst die wohl größte deutschsprachige Haikudichterin, die Österreicherin Imma Bodmershof, schrieb in ihrer Anfangszeit einzelne Haiku mit zusätzlichen Überschriften.

Was die Länge der Verse betraf, vermied es Goll, sich auf ein einheitliches Schema festzulegen. Er hat offensichtlich auch nicht versucht, das Längenverhältnis der japanischen Originale von 5 zu 7 zu 5 japanischen Moren wiederzugeben. Nicht einmal eine Annäherung an ein festes Längenmaß lässt sich bei Goll feststellen.

Darüber hinaus hat Goll in seinen Haiku bemerkenswert oft mit der Technik des Gegensatzpaares gearbeitet. Dies wurde Jahrzehnte später von Wilhelm Bodmershof, Ehemann Imma Bodmershofs, als Kennzeichen vieler klassischer Haiku festgestellt. Auch wenn diese Technik nicht als charakteristisch für das Haiku an sich angesehen werden kann – es fällt trotzdem auf, dass Yvan Goll hier nicht nur die Form, sondern auch ein stilistisches Mittel übernommen hat.

Für Franz Blei, den zweiten Dichter, der neben Goll in den 1920er Jahren Haiku veröffentlichte, scheinen Haiku nur ein einmaliges (und satirisches) Mittel zum Zweck gewesen zu sein. Goll hingegen hat das Haiku mit seinen Möglichkeiten ernst genommen und es nicht als literarische Eintagsfliege betrachtet.

Das zeigt seine anhaltende Beschäftigung mit dem Haiku über einen längeren Zeitraum. Zwei Zyklen veröffentlichte Goll zu Lebzeiten, zwei weitere Zyklen erschienen erst nach seinem Tod. Wenn man die Gesamtumstände berücksichtigt – also die Ernsthaftigkeit und Dauer der Beschäftigung mit dieser Gedichtform sowie die Publikationen –, dann ist es nicht zu viel gesagt, Yvan Goll als den ersten deutschsprachigen Haikudichter zu bezeichnen. Wohlgemerkt nicht als jemanden, der Haiku im japanischen *Stil* bzw. konsequent mit den bekannten japanischen Stilmitteln schrieb – soweit ging Goll nicht. Aber er war ein Dichter, der seine Haiku nicht nur nebenbei oder als einmaligen Versuch verfasste, sondern der anfing, diese kürzeste aller lyrischen *Formen* mit der deutschen Sprache zusammenzubringen.

1933 gehörten Golls Werke zu denjenigen, die von den Nationalsozialisten öffentlich verbrannt wurden, die deutsche Staatsbürgerschaft wurde ihm aberkannt. 1939 konnten er und seine Frau Frankreich noch kurz vor Kriegsausbruch und der folgenden Besatzung verlassen und in die Vereinigten Staaten emigrieren. Im Gegensatz zu Franz Blei scheint Amerika Goll ein freundlicheres Gesicht gezeigt zu haben. Einige seiner Arbeiten wurden in Übersetzung publiziert, er schrieb Gedichte auf Englisch und konnte die franko-amerikanische Lyrikzeitschrift *Hémisphères* herausgeben. 1945 nahm er zusammen mit seiner Frau die amerikanische Staatsbürgerschaft an.

1947 kehrten Yvan und Claire Goll wieder nach Paris zurück. Dort traf Yvan Goll u.a. den wesentlich jüngeren Dichter Paul Celan. Dessen Gedichte erregten die Bewunderung Golls; bis zu seinem baldigen Tod – Goll war schwer an Leukämie erkrankt – blieb er mit Paul Celan befreundet. In Paris schrieb Yvan Goll weiterhin Gedichte und fand über sie zur deutschen Sprache zurück. Seine letzte Gedichtsammlung wurde, unter dem Titel *Traumkraut*, im Jahr nach seinem Tod veröffentlicht.

Am 27. Februar 1950 starb Yvan Goll im amerikanischen Krankenhaus von Neuilly.

Literatur

Bethge, Hans: Japanischer Frühling. 21.-24. Tausend. Leipzig: Insel, 1923.

Blei, Franz: Das Hai-Kai. In: Roland. 23. Jahrgang. Heft Nr. 12, 18. März 1925, S. 40.

Bodmershof, Imma: Haiku und Tanka. In: Wort in der Zeit. Österreichische Literatur-Zeitschrift. April 1959, Heft 4, S. 26-27.

Bodmershof, Imma von: Haiku. Mit Zeichnungen von Ruth Stoffregen. 2., durchgesehene Auflage. München: dtv, 2004.

Bodmershof, Imma: Haiku. Mit Zeichnungen von Ruth Stoffregen. München: Langen/Müller, 1962.

Bodmershof, Imma: Sonnenuhr. Haiku. Salzburg, Bad Goisern: Stifterbibliothek, Neugebauer Press, 1970.

Bodmershof, Imma von: Im fremden Garten. Haiku-Gedichte. Zürich: Arche, 1980.

Bodmershof, Wilhelm: Studie über das Haiku. In: Wort in der Zeit. Österreichische Literatur-Zeitschrift. April 1959, Heft 4, S. 27-34.

Buerschaper, Margret: Das deutsche Kurzgedicht in der Tradition japanischer Gedichtformen. Haiku, Senryu, Tanka, Renga. Göttingen: Graphikum, 1987.

Buerschaper, Margret: Die Haiku-Dichtung im deutschsprachigen Raum nach 1945. In: Araki Tadao (Hg.): Symposium zur Haiku- und Renku-Dichtung. 22. Juni 1991. Japanisches Kulturinstitut, Köln. Bericht. Köln: Japanisches Kulturinstitut, 1991, S. 37 – 40.

Cordon, Cécile: Zwischen Hölderlin und Hitler. Die Schriftstellerin Imma Bodmershof und ihre Zeit (1895-1982). Leipzig: Eudora, 2020.

Eisenhauer, Gregor: Franz Blei. Der Literat. Ein biographischer Essay. Berlin: Elfenbein, 2004.

Ernst, Paul: Polymeter. Gedichte. Neuausgabe der Ausgabe Berlin, Paris: Sassenbach, 1898. Jahresgabe 2014/15 der Paul-Ernst-Gesellschaft. Mit einem Aufsatz von Ralf Gnosa. Leipzig: Reinecke & Voß, 2016.

Florenz, Karl: Dichtergrüsse aus dem Osten. Japanische Dichtungen, übertragen von Karl Florenz. Vierte Auflage. Leipzig: Amelang, o.J. [= 1896-1902].

Fussy, Herbert: Zur Geschichte des deutschen Haiku. In: apropos 1/1983, S. 52-59. [Zuerst publiziert in: Podium; Heft 1, 1980.]

Gnosa, Ralf: Im Steinbruch der klassischen Moderne. Zur Neuausgabe von Paul Ernsts Frühwerk „Polymeter" von 1898. In: Ernst, Paul: Polymeter. Gedichte. Neuausgabe der Ausgabe Berlin, Paris: Sassenbach, 1898. Jahresgabe 2014/15 der Paul-Ernst-Gesellschaft. Mit einem Aufsatz von Ralf Gnosa. Leipzig: Reinecke & Voß, 2016, S. 56-104.

Goll, Yvan: Die Lyrik. Bd. I-IV. Hg. und kommentiert von Barbara Glauert-Hesse im Auftrag der Fondation Yvan et Claire Goll, Saint-Dié-des-Vosges. Berlin: Argon, 1996.

Holz, Arno: Phantasus. Verkleinerter Faksimiledruck der Erstfassung. Hg. v. Gerhard Schulz. Stuttgart: Reclam, 1995.

Kato Keiji: Deutsche Haiku. Ein kurzer Beitrag zur vergleichenden Literaturgeschichte. Japanisch/Deutsch. Deutsche Übersetzung von Junko Lampert, Überarbeitung von Takako von Zerssen und Marga Rosskothen. Tokyo: Nagata, 1986.

Kleinschmidt, Karl: Tau auf Gräsern. Dreizeilige Gedichte (Haiku). Wien, Innsbruck, Wiesbaden; Rohrer, 1960.

Knauf, Michael: Yvan Goll. Ein Intellektueller zwischen zwei Ländern und zwei Avantgarden. Bern, Berlin, Franfurt/M., New York, Paris, Wien: Peter Lang, 1996.

Krusche, Dietrich: Essay – Erläuterungen zu einer fremden literarischen Gattung. In: Krusche, Dietrich: Haiku. Japanische Gedichte. Ausgewählt, übersetzt und miteinem Essay herausgegeben von Dietrich Krusche.München: dtv, 1994, S. 115-151.

Krusche, Dietrich: Das japanische Haiku in Deutschland. In: Jahrbuch Deutsch als Fremdsprache 1985. Band 11. Hg. v. Alois Wierlacher u.a. München: Hueber, 1986, S. 69 - 82.

Kurth, Julius: Japanische Lyrik aus vierzehn Jahrhunderten. Nach den Originalen übertragen vonJulius Kurth. München, Leipzig: Piper, o.J. [= Die Fruchtschale. Eine Sammlung. Band 17.]

Lange, Moritz Wulf: Die Anfänge des deutschsprachigen Haiku. Teil 1 – Von den ersten Übersetzungen bis zu Paul Ernsts „Polymeter". In: Sommergras 132, März 2021, S. 32-38.

Lange, Moritz Wulf: Die Anfänge des deutschsprachigen Haiku. Teil 2 – Arno Holz und Alfred Mombert. In: Sommergras 133, Juni 2021, S. 31-37.

Lange, Moritz Wulf: Die Anfänge des deutschsprachigen Haiku. Teil 3 – Die ersten deutschsprachigen Haiku (1). In: Sommergras 134, September 2021, S. 33-40.

Lange, Moritz Wulf: Die Anfänge des deutschsprachigen Haiku. Teil 4 – Die ersten deutschsprachigen Haiku (2). In Vorbereitung für Sommergras 135, Dezember 2021.

Miesen, Conrad: Die historische Entwicklung des Haiku im deutschsprachigen Raum von den Anfängen bis 1945. In: Araki Tadao (Hg.): Symposium zur Haiku- und Renku-Dichtung. 22. Juni 1991. Japanisches Kulturinstitut, Köln. Bericht. Köln: Japanisches Kulturinstitut, 1991, S. 33-35.

Möller, Jörg: „Das Leben ist nicht mehr als Maienblüte" – Eberhard Koebels Japanrezeption. In: Niehaus, Andreas / Weber, Chantal (Hg.): Reisen, Dialog, Begegnungen. Festschrift für Franziska Ehmcke. Berlin: Lit Verlag, 2012, S. 129 – 148.

Mombert, Alfred: Dichtungen. Gesamtausgabe in drei Bänden. Bd. 1: Gedicht-Werke, Bd. 2: Dramen, Mythen; Bd. 3: Überlieferung, Lesarten, Hinweise. Hg. v. Elisabeth Herberg. München: Kösel, 1963.

Pinthus, Kurt (Hg.): Menschheitsdämmerung. Ein Dokument des Expressionismus. Revidierte Ausgabe. Reinbek: Rowohlt, 1992.

Rilke, Rainer Maria et Merline: Correspondance 1920-1926. Red. Dieter Bassermann. Zürich: Niehans, 1954.

Rilke: Rainer Maria: Sämtliche Werke. Bd. 1-12. Herausgegeben vom Rilke-Archiv. In Verbindung mit Ruth Sieber-Rilke besorgt durch Ernst Zinn. Insel Werkausgabe. Die Insel Werkausgabe ist textidentisch mit der Ausgabe »Rainer Maria Rilke. Sämtliche Werke«, Frankfurt/M. 1955-1966. Frankfurt/M.: Insel, 1975.

Sakanishi, H. / Fussy, H. / Kubota, K. / Yamakage, H.:
Anthologie der deutschen Haiku. Haiku und kurze biographische so-
wie Quellen-Angaben auf Deutsch, begleitender Text auf Japanisch.
Sapporo: Dairyman, 1979.

Salis, Flandrina von: Mohnblüten. Abendländische Haiku.
Holzschnitt-Zeichnungen von Conrad Meili. Olten: VOB, 1955.

Salis, Flandrina von: Wahrnehmungen. [Im Titel; im Impressum als
»Wahrnehmungen in Haiku- und Tanka-Form«.] Zollikon-Zürich:
Kranich, 1993.

Schuster, Ingrid: China und Japan in der deutschen Literatur
1890–1925. Bern, München: Francke, 1977.

Sela, Petra: Imma v. Bodmershof (1895 – 1982). In:
Lotosblüte. 10 Jahre Österreichische Haiku-Gesellschaft. Jubiläums-
nummer 2020. Hg. v. Petra Sela. Wien 2020.

Sommerkamp, Sabine: Der Einfluss des Haiku auf Imagismus und
jüngere Moderne. Studien zur englischen und amerikanischen Lyrik.
Dissertation. Hamburg: Universität, 1984.

Sommerkamp, Sabine: Die deutschsprachige Haiku-Dichtung: Von den
Anfängen bis zur Gegenwart. In: Araki, Tadao (Hg.): Deutsche Essays
zur Haiku-Poetik. Mit Illustrationen von Tsutomou Yoshikawa. O.O.:
o.V., 1989, S. 56-66.

Wittbrodt, Andreas: Hototogisu ist keine Nachtigall.
Traditionelle japanische Gedichtformen in der deutschsprachigen Lyrik (1849-1999). Göttingen: V&R unipress, 2005.

Bildnachweis

S. 94: Zeitschrift Roland 12, 18.03.1925, 23. Jahrgang.

S. 95: ebd.

S. 96: Stiftzeichnung Franz Blei von Jan Hosemann,
© Jan Hosemann.

S. 104: Stiftzeichnung Yvan Goll von Jan Hosemann,
© Jan Hosemann.

Der Herausgeber

Moritz Wulf Lange, geboren 1971 in Hamburg, studierte Neuere Deutsche Literatur, Linguistik und Geschichte in Freiburg/Br. und in Berlin. Er beschäftigte sich eingehend mit der modernen Lyrik, dabei besonders mit den Werken von Paul Celan.

Parallel dazu veröffentlichte er schon während des Studiums Gedichte in verschiedenen Zeitschriften, darunter erste Haiku. Nach dem Studium gab er eine Dissertation zum Wortschatz Paul Celans auf, um als freier Autor zu arbeiten. 2018 entdeckte er das Haiku wieder für sich, seit 2020 erschienen Haiku von ihm in verschiedenen Anthologien und Zeitschriften in Deutschland und Japan. Während seiner literaturgeschichtlichen Arbeit zum Haiku stellte er fest, dass die frühesten gedruckten, deutschsprachigen Haiku nur verstreut und unvollständig in wenigen, teilweise schwer zugänglichen Publikationen vorliegen; daraufhin entschloss er sich, eine Sammlung dieser Haiku selber herauszugeben. Moritz Wulf Lange lebt mit seiner Familie in Hamburg.

www.moritz-wulf-lange.de

.